Museu de Arte Moderna Rio de Janeiro Arquitetura e Construção

Museu de Arte Moderna Rio de Janeiro Arquitetura e Construção

Gávea INVESTIMENTOS   AAA   Cobogó

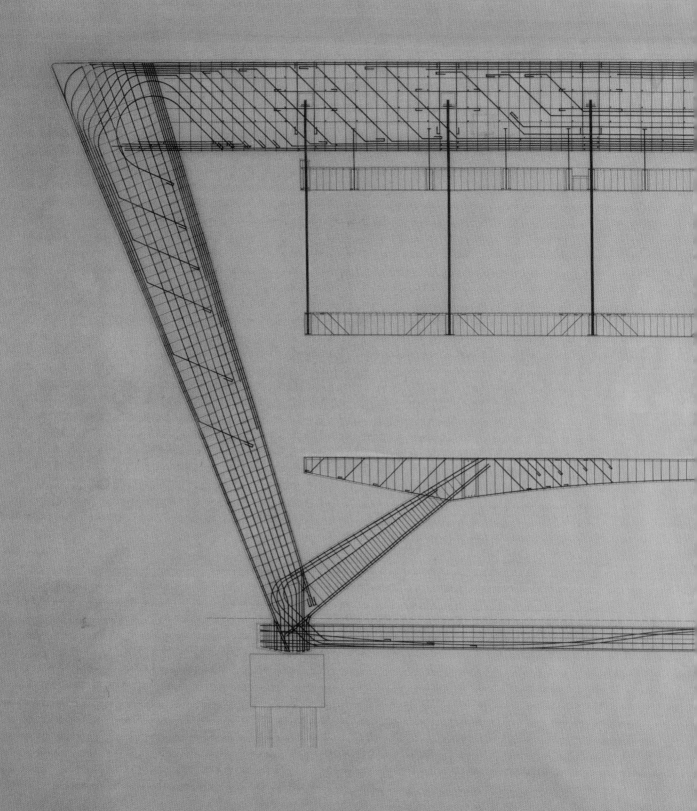

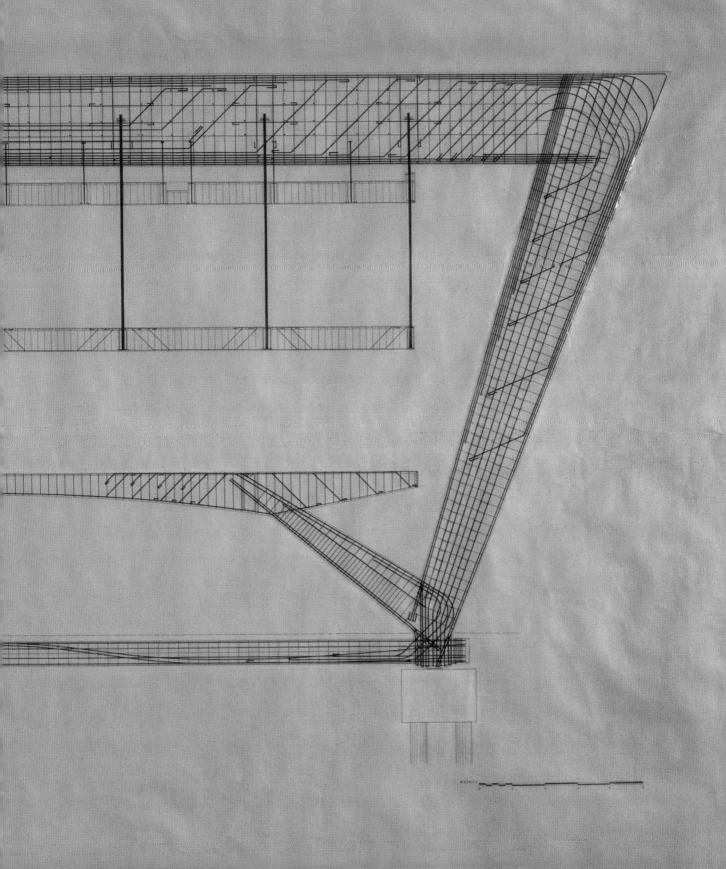

O Museu de Arte Moderna do Rio de Janeiro é uma instituição que, ao longo de sua história, sempre esteve atenta ao seu papel e ao seu desempenho frente à sociedade para o qual foi criado. Como instituição carioca por excelência, o MAM nunca se furtou em participar não só dos principais momentos da história da arte brasileira, como também da história de nossa cidade.

Para além desse espaço de criação e reflexão sobre a arte e a cidade, o MAM também faz parte de uma história mais ampla que a própria instituição. Com sua sede localizada em um dos edifícios mais representativos da moderna arquitetura brasileira, à beira de um dos maiores cartões-postais do mundo, nosso museu consegue como poucos articular em seu dia a dia as belezas da arte e da natureza. Desde a origem de seu projeto, o arquiteto Affonso Eduardo Reidy se preocupou em legar para a cidade uma instituição cuja sede é até hoje, por si só, um monumento ao ideário moderno de um Brasil em permanente transformação. Com sua arquitetura ao mesmo tempo brasileira e universal, Reidy conseguiu transformar o Museu de Arte Moderna do Rio de Janeiro em um museu não só do Rio, mas também de todos os seus visitantes. Sua construção, com mais de cinquenta anos de história, é um marco para arquitetos e turistas de todas as partes do mundo.

Fazer uma publicação sobre a construção deste museu, que tenha ao mesmo tempo um apelo visual e de pesquisa, é a melhor forma de o MAM retribuir todos aqueles que, ao longo de sua história, admiraram de alguma forma suas edificações e sua vista. Esta parceria com a Gávea Investimentos é resultado do esforço conjunto de devolver ao Rio um protagonismo cultural e institucional que ficou adormecido. Enfim, com este livro, o Museu de Arte Moderna do Rio de Janeiro oferece ao público um pedaço fundamental da história da arquitetura nacional e de sua memória.

Carlos Alberto Gouvêa Chateaubriand
Presidente
Museu de Arte Moderna do Rio de Janeiro

Para uma empresa de gestão de investimentos que se quer perene, nada mais importante do que investir no desenho de uma cultura própria, idiossincrática. Ao colaborar com a realização de um livro sobre a arquitetura e a construção do Museu de Arte Moderna do Rio de Janeiro, a Gávea Investimentos investe também na cultura carioca e brasileira, através de uma ligação direta com o principal museu de nossa cidade e, por extensão, com sua população.

Já tendo na Pedra da Gávea uma das inspirações para o nome de nossa empresa, a parceria com o MAM agora nos permite a aproximação com outra região da cidade: a baía de Guanabara e sua fusão perfeita entre os morros do Pão de Açúcar e os pilotis do museu. O casamento entre modernidade e natureza, entre a solidez do concreto e a leveza de suas formas, simboliza também nossa participação neste projeto.

Nosso intuito, ao registrar o papel histórico do MAM, é reforçar também o papel central que o Rio de Janeiro exerce e continuará a exercer no contexto cultural do País. Um livro sobre a arquitetura de Affonso Eduardo Reidy, e especificamente sobre os prédios do MAM, é sem dúvida uma contribuição definitiva para que sua obra monumental seja o retrato de uma época em que o espírito de desenvolvimento e modernidade se espalhava por todos os setores da sociedade. Como naquela época, hoje torna-se fundamental que, novamente, a população carioca abrace suas instituições, sua paisagem e sua cultura no intuito de apresentar ao Brasil e ao mundo sua face mais pulsante e criativa.

A Gávea Investimentos aposta que a divulgação de um dos momentos mais marcantes da história cultural carioca e brasileira através de uma publicação de qualidade como esta, disponível em dois idiomas (português e inglês), é um passo decisivo na ampliação de sua identidade com nossa cidade e, principalmente, com nossa arte.

Gávea Investimentos

Abertura **Luiz Camillo Osorio** 14

Memorial Descritivo **Affonso Eduardo Reidy** 20

As imagens 28
Desmonte, aterro e ocupação do terreno 30
Preparação da construção: estacas, fundações e estruturas 40
Construção do Bloco-Escola 52
Construção do Bloco de Exposições 76
Bloco-Escola, Bloco de Exposições e Teatro: a conclusão do projeto 100

Um museu através **Ana Luiza Nobre** 110

Depoimento **Paulo Mendes da Rocha** 118

Ensaio Fotográfico **Vicente de Mello** 124

Cronologia 138

Nota biográfica 142

Índice de imagens 144

Abertura **Luiz Camillo Osorio**

Em visita ao Museu de Arte Moderna do Rio de Janeiro no final de 2009, o diretor do Programa de Pós-Graduação em Arquitetura da Universidade de Columbia, professor Mark Wigley, fez um comentário taxativo: "Se tivesse que salvar de uma explosão atômica alguns poucos prédios da segunda metade do século XX, este museu de Affonso Eduardo Reidy certamente estaria entre eles." Esta brincadeira me confirmava a necessidade de um livro organizado pelo museu, focado neste projeto. Além disso, desde o momento em que assumi a curadoria do MAM, tinha como objetivo procurar parcerias para uma série de publicações.

O empenho pessoal de Rodrigo Fiães e a acolhida de Armínio Fraga ao projeto foram fundamentais para termos a Gávea Investimentos apostando no MAM e nesta publicação. A partir daí fomos à editora Cobogó, cujos editores Isabel Diegues e Ricardo Sardenberg compraram logo a ideia e assumiram a parceria. A intenção era de um livro que atingisse, ao mesmo tempo, o leitor especializado e o leigo interessado em arte e arquitetura. Um texto crítico encomendado a Ana Luiza Nobre dá conta do lugar de Reidy e deste projeto do MAM na história da arquitetura moderna brasileira e do desenvolvimento urbanístico do Rio. Pensar a arquitetura no campo ampliado da cidade, reconfigurando e refuncionalizando os espaços, é marca característica desse arquiteto de traço preciso e contundente. Além do texto crítico, o livro conta com um depoimento generosíssimo de Paulo Mendes da Rocha, escrito especialmente para esta publicação. Como observou em seu texto: "O MAM é uma construção insubstituível na formação do arquiteto brasileiro, marcante na chamada arquitetura paulista por seu estimulante poder criativo, construtivista, com influência em todas as gerações seguintes. Impossível imaginar a chamada 'nossa arquitetura' sem a vívida presença desse arquiteto carioca." O principal arquiteto de sua geração reconhece aí a influência determinante de Reidy na arquitetura contemporânea, especialmente na escola paulista.

O Memorial escrito pelo próprio Reidy apresentando o MAM é uma peça fundamental do livro, uma vez que podemos perceber, a partir de sua leitura, a complexidade e a elegância do projeto. A articulação conceitual e espacial entre os blocos escola, expositivo e teatro fica em evidência. Completa o livro um ensaio fotográfico de Vicente de Mello. Além de ser um dos principais fotógrafos contemporâneos, conviveu intimamente com aquele espaço durante os anos em que trabalhou no museu e, por isso, o traz entranhado no corpo e no olhar. A pesquisa de imagens foi feita pelo centro de documentações do MAM. Frederico Coelho, meu assistente na curadoria, foi fundamental na articulação da pesquisa e na organização do material.

Para um curador, trabalhar neste espaço é um privilégio e um enorme desafio. O salão monumental é um espaço amplo, de escala pública, que demanda obras potentes que segurem aquela escala e a força do paredão ao fundo. A grande galeria, que segue no segundo pavimento, com quase 2.000m², livre de colunas e janelas correndo nas duas laterais, é uma área polivalente, na qual se criam tanto espaços amplos como salas intimistas. O 3º pavimento, suspenso por cima, é mais uma invenção do arquiteto e dos calculistas, mantendo-se pendurado como se fosse uma pintura na parede. A força dos materiais, a leveza das formas – as escadas são memoráveis – e, acima de tudo, o diálogo aberto e livre entre o dentro e o fora, entre os prédios, a cidade, o jardim e a baía faz do MAM um dos espaços mais incríveis da cidade do Rio de Janeiro. Esperamos que este livro assuma um papel relevante nos estudos de arquitetura, na valorização de nossa cidade e que seja o primeiro de uma linha editorial sobre o museu e a arte brasileira a ser desenvolvida aqui no MAM.

Luiz Camillo Osorio
Curador
Museu de Arte Moderna do Rio de Janeiro

Memorial Descritivo **Affonso Eduardo Reidy**

Se a correspondência entre a obra arquitetural e o ambiente físico que a envolve é sempre uma questão da maior importância, no caso do edifício do Museu de Arte Moderna do Rio de Janeiro, essa condição adquire ainda maior vulto, dada a situação privilegiada do local em que está sendo construído, em pleno coração da cidade, no meio de uma extensa área que, num futuro próximo será um belo parque público, debruçado sobre o mar, frente à entrada da barra e rodeada pela mais bela paisagem do mundo. Foi preocupação constante do arquiteto evitar, tanto quanto possível, que o edifício viesse a constituir um elemento perturbador na paisagem, entrando em conflito com a natureza. Daí o partido adotado, com o predomínio da horizontal em contraposição ao movimentado perfil das montanhas e o emprego de uma estrutura extremamente vazada e transparente, que permitirá manter a continuidade dos jardins até o mar, através do próprio edifício, o qual deixará livre uma parte apreciável do pavimento térreo. Em lugar de confinar as obras de arte entre quatro paredes, num absoluto isolamento do mundo exterior, foi adotada uma solução aberta, em que a natureza circundante participasse do espetáculo oferecido ao visitante do Museu.

Nos últimos 40 anos transformou-se muito o antigo conceito de museu, que deixou de ser um organismo passivo para assumir uma importante função educativa e um alto significado social, tornando acessível ao público o conhecimento e a compreensão das mais marcantes manifestações da criação artística universal e proporcionando um treinamento adequado a um contingente de artistas que, perfeitamente integrados no espírito de sua época, poderão influir decisivamente na melhoria dos padrões de qualidade da produção industrial.

Mas, não foi apenas o antigo conceito de museu que se transformou: a própria noção do espaço arquitetural modificou-se. O desenvolvimento das novas técnicas de construção deu lugar à "estrutura independente" e, como consequência, ao "plano livre", isto é, a função, portanto, passou a ser exercida exclusivamente pelas colunas; as paredes, liberadas da sua antiga responsabilidade estrutural, passaram a desempenhar, então, com uma liberdade nunca antes imaginada, o papel de simples elementos de vedação: placas leves, de diferentes materiais, livremente dispostas, oferecendo as mais amplas possibilidades na ordenação dos espaços. Surge assim um novo conceito do espaço arquitetural, o "espaço fluente", canalizado, que vem substituir a antiga noção do "espaço confinado" dentro dos limites de um compartimento cúbico.

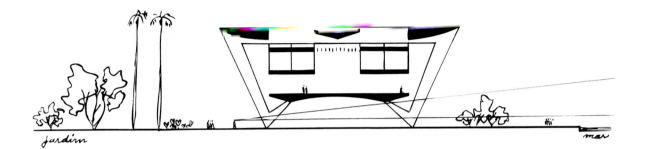

A ação eminentemente dinâmica do Museu de Arte Moderna do Rio de Janeiro, abrangendo todas as manifestações das artes visíveis dos nossos dias, requer uma estrutura arquitetural que lhe proporcione o máximo de flexibilidade na utilização dos espaços, possibilitando seja o uso de grandes áreas, seja a formação de pequenas salas, onde determinadas obras possam ser contempladas em ambiente íntimo. A galeria de exposição do MAM do Rio de Janeiro foi projetada com esse objetivo: ocupa uma área de 130 metros de extensão por 26 metros de largura, inteiramente livre de colunas, de modo a oferecer absoluta liberdade na arrumação das exposições. Essa área terá pé-direito variável: parte com 8 metros, parte com 6,40 metros e, o restante, com 3,60 metros de altura.

A iluminação natural confere um sentido de vida e de movimento aos espaços, beneficiando as obras expostas da variedade de sensações que a luz diurna proporciona. Quando zenital, a luz é difusa e uniforme; não há sombras, não há relevo, o ambiente torna-se neutro, inexpressivo. Quando lateral dá direção ao espaço e relevo aos objetos, proporcionando ainda ao visitante a possibilidade de contato visual com o exterior. Todavia, um sistema rígido e exclusivo limitaria a liberdade de mostrar, sob as melhores condições, obras que, eventualmente, possam vir a ser mais valorizadas com iluminação zenital ou mesmo artificial. A galeria de exposições do MAM, nos trechos de menor pé-direito, terá iluminação lateral e nos trechos de pé-direito duplo, iluminação zenital, através de *sheds* e lanternins.

O fato de a luz natural, de um modo geral, apresentar vantagens sobre a luz artificial, na apresentação das obras, não diminui a importância do que esta última representa para o Museu de hoje. A iluminação artificial é evidentemente indispensável, não só para a noite, como para a exibição de objetos que possam ser prejudicados pela luz solar, como desenhos, tecidos etc. A qualidade da luz a ser empregada é um outro ponto de importância num museu de arte. A luz incandescente é rica em raios vermelhos e alaranjados que modificam o aspecto de certas cores. A luz fluorescente, por seu lado, provoca sensação de frieza e altera igualmente o aspecto das cores. A combinação de ambas, porém, permitirá uma grande aproximação ao efeito da luz solar. Para o MAM foi projetado um sistema muito flexível: o teto da galeria da exposição será guarnecido com placas translúcidas de um plástico vinil, as quais difundirão a luz emitida por tubos fluorescentes, proporcionando uma iluminação suave ao ambiente. A superfície luminosa assim constituída será interrompida de dois em dois metros por rasgos transversais, onde serão fixados refletores de luz incandescente, equipados com lentes apropriadas, os quais serão dirigidos exatamente para os pontos em que se fizer necessária a iluminação, sem produzirem reflexos ou ofuscamento ao visitante. Todo o segundo pavimento do corpo central do edifício será destinado a exposições, bem como uma parte do terceiro pavimento onde ficarão situados, ainda, um auditório com 200 lugares, com equipamentos para projeções cinematográficas, filmoteca, biblioteca, os serviços de administração e direção do Museu e o depósito para a guarda das telas não expostas. Esse depósito, onde as obras deverão ser conservadas em perfeita segurança, terá condições constantes de temperatura e umidade, ficando completamente isolado das variações atmosféricas do exterior. As telas serão fixadas em trainéis leves, de correr, ligeiramente afastados uns dos outros, permitindo dessa forma, reunir em um espaço reduzido um grande número de telas e assegurando-lhes perfeitas condições de ventilação e facilidade para o exame dos interessados.

Ocupando uma parte do pavimento térreo e o subsolo do corpo mais baixo do edifício, ficarão os serviços e instalações auxiliares do Museu, compreendendo a entrada de serviço, os locais para desembalagem e a identificação e o registro das obras, a expedição, os depósitos, as oficinas e os laboratórios, a sala de gravura e um grande salão onde serão preparadas as exposições. Ainda no pavimento térreo do mesmo corpo, funcionará a Escola Técnica de Criação. Suas instalações compreendem, além dos locais destinados aos serviços administrativos, salas de aulas e ateliês diversos, laboratório fotográfico, tipografia, clicheria, encadernação, cantina para estudantes etc. No segundo pavimento desse corpo, ficarão o restaurante e o terraço-jardim, que se comunicam com a galeria de exposições.

Na extremidade leste do conjunto ficará situado o Teatro, com mil lugares. O palco terá uma largura disponível de 50 metros, 20 metros de profundidade e 20 metros de altura livre até o urdimento. A construção cênica baseia-se num sistema de carros movimentados eletricamente, que se deslocarão para os espaços laterais e do fundo de palco. A boca de cena terá 7,50 metros de altura e 12 metros de largura, podendo chegar a 16 metros em caso de abertura total para a realização de concertos sinfônicos.

Affonso Eduardo Reidy
Arquiteto, 1953

Sobre o Memorial

Este Memorial descritivo foi escrito em 1953 pelo arquiteto Affonso Eduardo Reidy, às vésperas da grandiosa obra do Museu de Arte Moderna do Rio de Janeiro. Seu grau de detalhamento do projeto demonstra todo o zelo que teve na sua conceitualização e elaboração. Iniciada a obra em 1954 e terminada (pelo menos duas de suas principais edificações) em 1967, a construção do museu seria acompanhada por seu arquiteto até 1964, ano de sua súbita morte.

Desde então, mais de quatro décadas separam o MAM de hoje do MAM proposto no texto de Reidy. Se um arquiteto ou visitante comum for ao museu buscando todos os elementos ali descritos, claro que não encontrará exatamente o que havia sido planejado por ele. Apesar de manter basicamente as principais diretrizes e ideias do projeto original, a passagem do tempo fez com que o museu se adaptasse a mudanças e eventos que ocorreram ao longo da história da arquitetura e da instituição. O teatro, por exemplo, fazia parte do projeto original, porém só seria concluído em 2006, com algumas alterações nas dimensões propostas originalmente. Outro ponto de mudança na organização espacial do museu é a localização da biblioteca e da cinemateca, dois equipamentos culturais fundamentais para a história do MAM. Como indica Reidy no seu Memorial, a biblioteca e a cinemateca do museu eram, até os anos 1970, localizadas no terceiro pavimento do Bloco de Exposições. Hoje, enquanto a biblioteca se localiza nas dependências do Bloco-Escola, ligado ao Centro de Documentação e Pesquisa do museu, o auditório e as dependências da cinemateca encontram-se no térreo, na extensão desse mesmo bloco. No local do antigo auditório e da biblioteca original, situa-se hoje uma das reservas técnicas do museu.

Já no que diz respeito aos aspectos internos do Bloco de Exposições, sua iluminação artificial e as persianas que faziam parte das salas, além de outros detalhes originais da construção, foram perdidos após o incêndio ocorrido no museu em julho de 1978. Apesar de o prédio manter sua estrutura externa de forma plena após o incêndio, os novos sistemas de ar condicionado e de iluminação construídos precisaram se adaptar a outras tecnologias, intervindo minimamente no projeto original de Reidy. Além das mudanças realizadas com a reforma após o acidente, o próprio uso do espaço do museu por diferentes artistas e exposições também gerou alterações para adaptar o museu a novas necessidades expositivas e novas tecnologias.

Mesmo com essas mudanças e inovações, o Museu de Arte Moderna do Rio de Janeiro ainda é o retrato fiel de um projeto visionário de seu arquiteto, permanecendo como um espaço cujo equilíbrio entre a leveza concreta de seus prédios e a exuberância da natureza que o circunda até hoje impressiona seus visitantes. Além disso, suas adaptações espaciais ao tempo e à arte contemporânea mostram que o MAM reafirma os ideais de seu arquiteto, já que, segundo o próprio, o museu tinha como vocação, desde sua fundação, abranger todas as formas de arte visíveis dos nossos dias.

Frederico Coelho
Organizador

As imagens

Desmonte, aterro e ocupação do terreno

Museu de Arte Moderna Rio de Janeiro

34 Museu de Arte Moderna Rio de Janeiro

38   Museu de Arte Moderna Rio de Janeiro

Preparação da construção: estacas, fundações e estruturas

Arquitetura e Construção 41

42 Museu de Arte Moderna Rio de Janeiro

Arquitetura e Construção 43

Arquitetura e Construção **45**

Museu de Arte Moderna Rio de Janeiro

Arquitetura e Construção 47

Arquitetura e Construção 49

Arquitetura e Construção 51

Construção do Bloco-Escola

54 Museu de Arte Moderna Rio de Janeiro

56 Museu de Arte Moderna Rio de Janeiro

Arquitetura e Construção 57

Arquitetura e Construção 63

Museu de Arte Moderna Rio de Janeiro

Arquitetura e Construção **67**

Arquitetura e Construção 71

74 Museu de Arte Moderna Rio de Janeiro

Construção do Bloco de Exposições

Arquitetura e Construção 79

Museu de Arte Moderna Rio de Janeiro

Museu de Arte Moderna Rio de Janeiro

92 **Museu de Arte Moderna** Rio de Janeiro

Arquitetura e Construção 93

94 Museu de Arte Moderna Rio de Janeiro

98 Museu de Arte Moderna Rio de Janeiro

Bloco-Escola, Bloco de Exposições e Teatro: a conclusão do projeto

Arquitetura e Construção 101

Museu de Arte Moderna Rio de Janeiro

104 Museu de Arte Moderna Rio de Janeiro

106 Museu de Arte Moderna Rio de Janeiro

Um museu através   Ana Luiza Nobre

Em junho de 1948, Affonso Eduardo Reidy (1909-64) escreve ao arquiteto francês Le Corbusier e diz estar trabalhando num importante projeto de urbanização no Centro do Rio de Janeiro: "O senhor se lembra daquela pequena colina, no coração da cidade, onde existe um convento antigo? Esta colina vai ser demolida e eu estudo a urbanização do sítio."[1] Reidy se referia à Esplanada de Santo Antônio, uma área central para a qual a prefeitura vinha estudando propostas urbanísticas há alguns anos e que agora, finalmente, estava em vias de ser transformada. O projeto, assinado pelo próprio Reidy – então à frente do Departamento de Urbanismo da prefeitura –, prometia a articulação entre as zonas Norte e Sul da cidade por meio de uma via expressa elevada e previa a criação de um Centro Cívico que incluiria, entre outras coisas, um museu em espiral longamente gestado por Le Corbusier.[2]

A resposta veio cheia de entusiasmo. Le Corbusier se declarou "com água na boca"[3] diante da oportunidade de voltar a projetar na "cidade mais designada pelos deuses para ter uma verdadeira joia da arquitetura moderna inscrita sobre um terreno bem escolhido".[3] O arquiteto francês já estivera no Rio duas vezes (em 1929 e 1936), e sabia que àquela altura seu centro urbano já se encontrava marcado por uma obra arquitetônica que, se não era propriamente sua, seguramente lhe devia muito: o edifício-sede do Ministério da Educação e Saúde, recém-inaugurado na Esplanada do Castelo com projeto assinado por Lucio Costa, Oscar Niemeyer, Jorge Machado Moreira, Carlos Leão, Ernani Vasconcellos e o próprio Reidy (com Le Corbusier como consultor).

Não há dúvida de que havia uma efervescência cultural agitando naquele momento a capital federal de um país que saía da guerra, e de um longo período ditatorial, apostando num processo de modernização de suas estruturas políticas e culturais. E a esse processo não faltariam novos museus de arte organizados segundo critérios não acadêmicos, tanto do ponto de vista museológico-museográfico quanto arquitetônico-espacial. Ou seja, concebidos não mais como relicários destinados a guardar e oferecer à contemplação obras de arte do passado, mas como centros ativos e em estreita conexão com a própria produção artística do presente, onde as galerias tradicionais de exposição – encerradas em si mesmas e praticamente sem contato com o exterior – seriam substituídas por espaços flexíveis e dinâmicos, franqueados mais efetivamente ao público e integrados também a oficinas, teatros, cinemas, restaurantes etc.

É nesse contexto que vão surgir o MASP/Museu de Arte de São Paulo, em 1947, e os Museus de Arte Moderna de São Paulo e do Rio de Janeiro, no ano seguinte. O MAM carioca foi criado exatamente um mês antes da carta de Reidy a Le Corbusier. A ata de fundação, datada de 3 de maio de 1948, definia o novo museu como uma sociedade civil sem fins lucrativos, "destinada a realizar e manter exposições de artes plásticas, em caráter permanente e temporário; organizar filmoteca, arquivo de arte fotográfica, discoteca e biblioteca especializada; promover exibições de filmes de interesse artístico-cultural, concertos, conferências e cursos relacionados com as suas finalidades, pesquisas folclóricas e intercâmbio com organizações congêneres do estrangeiro; enfim, disseminar o conhecimento da arte moderna no Brasil".[4]

O novo museu foi inaugurado em janeiro de 1949, ocupando instalações provisórias no último pavimento do edifício do Banco Boavista – projeto de Oscar Niemeyer na também jovem avenida Presidente Vargas. Uma segunda sede seria inaugurada em 1952 no pilotis do edifício-sede do Ministério da Educação, parcialmente fechado por Niemeyer, com tapumes de madeira, para abrigar um salão de exposições de cerca de 500 metros quadrados. Com uma programação intensa, colocou-se então diante do público carioca a Unidade Tripartida de Max Bill, gravuras de Goya, fotografias de Marcel Gautherot e projetos de Lucio Costa e Sergio Bernardes, por exemplo. O resultado foi imediato: mais de 47 mil visitantes circularam pelo museu só entre janeiro e dezembro daquele ano. Tal sucesso contribuiu para a concretização de uma ideia que veio ganhando corpo ao longo de 1952: a criação da sede definitiva do MAM. Em novembro, finalmente, a prefeitura doou uma área de 40 mil metros quadrados ao museu. Só que o terreno, na verdade, ainda estava por surgir, e àquela altura nada mais era que uma porção da baía de Guanabara à espera da terra provinda do desmonte do morro de Santo Antônio.[5]

Foi, portanto, sobre a água que surgiram os primeiros esboços do projeto, confiado a Reidy e desde logo inscrito no seu conjunto de propostas para o Rio. De acordo com o próprio arquiteto, o novo museu foi pensado em função da sua situação privilegiada: "Em pleno coração da cidade, no meio de uma extensa área que num futuro próximo será um belo parque público, debruçado sobre o mar, frente à entrada da barra e rodeada pela mais bela paisagem do mundo." O objetivo de evitar qualquer perturbação a esta paisagem define o partido arquitetônico, "com o predomínio da horizontal em contraposição ao movimentado perfil das montanhas e o emprego de uma estrutura extremamente vazada e transparente, que permitirá manter a continuidade dos jardins até o mar, através do próprio edifício".[6] Esse partido, de nítida influência corbusieriana, é sintetizado numa sequência de croquis em que Reidy apresenta esquematicamente a disposição da galeria de exposições numa plataforma elevada, de modo a garantir uma vista desimpedida ao nível térreo.

Solução semelhante havia sido experimentada pouco antes por Reidy no Colégio Brasil-Paraguai, em Assunção (1952). Neste projeto, que ocupa um terreno com vista para o rio, o arquiteto também tratou de deixar o térreo livre, tanto quanto possível, por meio de uma estrutura de concreto aparente que modula a fachada norte do Bloco-Escola e compõe um sistema com o quebra-sol. E nesse sentido, pode-se dizer que o colégio paraguaio antecipa, de certo modo, o museu carioca. No entanto, no caso do MAM, o que decide o projeto, de fato, é a aderência plena entre o conjunto edificado, a paisagem natural e a cidade. Porque o deixar-se atravessar pela cidade, neste projeto, é uma decisão que resultará em consequências incontornáveis para ambos: para a arquitetura, que se tornará inseparável do fluxo urbano, e para a cidade, que de novo empurrará seus limites, além e através do edifício, até o mar.

Pode-se dizer que ali se cumpre, então, um fato cultural, arquitetônico e cívico, que se afirma não por contrastar com a radiante natureza carioca, e sim por jogar com ela, no dizer de Le Corbusier, "uma partida a dois".[7] O museu intervém decididamente, mais uma vez, sobre a natureza, de certo modo, fechando assim um ciclo iniciado com Le Corbusier, ou ainda mais atrás, com Pereira Passos.[8] Erguido sobre um sítio isolado da malha urbana, sua estratégia fundamental consiste em buscar uma continuidade que se dá não pela conexão direta com os espaços urbanos tradicionais – o que seria impraticável, dado o caráter insular do terreno –, mas pela valorização de uma ambiência pública e eminentemente urbana que a grande sombra sob a galeria de exposições recupera e reinventa, à beira-mar. Desse modo, o projeto se deixa ler quase como um comentário sobre o caráter invulgar desta cidade, transformada e retransformada permanentemente pela ação do homem sobre um território antes informe e desmesurado. E isso porque sintetiza a tensão permanente entre o construir e destruir das cidades, para fazer prevalecer a invenção de uma urbanidade que se projeta, sem soleiras, a partir do museu e muito além dele, redefinindo (e reterritorializando) tudo o que está, ou ainda está por surgir, ao seu redor: as pistas de alta velocidade do Parque do Flamengo e as passarelas que saltam sobre elas, o paisagismo de Roberto Burle Marx, a igrejinha da Glória, o Pão de Açúcar, a baía de Guanabara e a ponte Rio-Niterói.

Nesse processo, a arquitetura poderia correr o risco de se esvaziar de si mesma. Mas não, claro que não. O artefato arquitetônico está aí, límpido e irredutível, irradiando uma potência que só a arquitetura tem e a técnica permite.

Estrutura e plástica

Com sua estrutura porticada, constituída por 14 quadros de concreto armado que se repetem de 10 em 10 metros, o bloco de exposições, com seus 130 metros de extensão, define-se claramente como o corpo dominante da composição arquitetônica. Aqui, revela-se o diálogo com a lógica estrutural de Mies van der Rohe. O perfil do pórtico desenhado pelo arquiteto – com 39 metros de vão livre, 16,93 metros de altura e viga mestra de 2,70 metros de altura – guarda o caráter monumental associado aos museus tradicionais, e ao mesmo tempo viabiliza o desafio estrutural calculado pelo engenheiro Arthur Jermann: em vez de apoiar as lajes intermediária e de cobertura sobre pilares, essas encontram-se penduradas por meio de cabos de aço na viga mestra do quadro principal, de modo a liberar de colunas o salão de exposições (que tem 26 x 130 metros), e assim permitir grande flexibilidade no arranjo das mostras.

Para garantir a rigidez da estrutura, os elementos que compõem o quadro são ligados entre si, longitudinalmente, por abas superiores de aproximadamente 8 metros de largura, que exercem a função de contraventamento, ao mesmo tempo em que protegem a fachada da insolação direta. Além disso, 14 vigas de equilíbrio, executadas em concreto protendido (e calculadas por Bruno Contarini), interligam transversalmente os quadros, sob o solo.

Inteiramente executada em concreto aparente, esta estrutura, dinamizada pela combinação de linhas horizontais e oblíquas, é explorada em sua plasticidade e define, com a sua seriação, a própria imagem do museu. Os números ligados à sua execução são impressionantes: segundo relatório do engenheiro Fuad Kanan Matta, responsável pela obra, só a armação da viga mestra do quadro principal consumiu 45 toneladas de ferro, o suficiente para executar a estrutura de um edifício de 12 pavimentos.[9] O cuidado extremo na condução da obra demandou também formas de madeira aparelhada, executadas com sistema macho e fêmea para não deixar mais que uma linha aparente nas emendas. E isso porque, ao trabalhar sincronicamente a escala mais intimista do edifício e a mais ampla da cidade, Reidy preocupou-se em definir as proporções monumentais do pórtico, tanto quanto em controlar todos os detalhes e acabamentos, com um rigor construtivo que chegou ao extremo de exigir, por exemplo, o alinhamento entre os eixos da esquadria e da junta dos tijolos, do mármore do piso e do pilar, do interruptor e o do azulejo.

Setorização funcional

A organização do programa em volumes plasticamente diferenciados e descontínuos, porém comunicantes – exposições, escola e teatro –, garante a apreensão imediata de cada uma dessas funções, tanto pelo pedestre que vai ao encontro do museu pela ponte fronteiriça (também projetada por Reidy) quanto pelo olhar rasante do carro em movimento. Por outro lado, essa distinção também permitiu a execução independente de cada um dos blocos. E certamente não foi por acaso que a obra foi iniciada pelo Bloco-Escola e não pelo Bloco de Exposições, como seria de esperar; assinalava-se, assim, o peso dado à função educativa de uma instituição que tomara como referência inicial o MoMA/Museum of Modern Art de Nova York, e logo iria se aproximar da HfG/Hochschule für Gestaltung, escola de design criada em Ulm, na Alemanha, como uma espécie de desdobramento da Bauhaus no pós-guerra.

Entre 1958, data da inauguração da nova sede do MAM, e 1967, quando o Bloco de Exposições foi finalmente concluído, as exposições foram realizadas no Bloco-Escola. E isso inclui, até mesmo, aquelas que foram marcos na época, como a I Exposição Neoconcreta, que definiu a bifurcação da arte concreta no Brasil, em 1959, e a exposição Opinião 65, em que Hélio Oiticica irrompeu os espaços do museu com seus Parangolés, em 1965.

Quando o Bloco de Exposições foi concluído, Reidy já havia falecido há alguns anos. A ambiência gerada pelo sistema de iluminação concebido originalmente pelo arquiteto, combinando luz natural (através de janelas e *sheds*) e artificial (incandescente e fluorescente) foi modificada com o tempo, assim como vários espaços do museu. Reidy também não viveu o bastante para ver o incêndio do MAM, em 1978 (que destruiu grande parte do seu acervo, mas não chegou a comprometer sua estrutura). Nem a controversa conclusão do Teatro, em 2006.

A despeito disso tudo, o museu soube guardar o que lhe é mais precioso: o caráter cívico que lhe foi dado por Reidy. Sua arquitetura continua a comover por sua correspondência com a natureza e a cidade; aquela continuamente domesticada pela técnica, esta entendida na sua dimensão essencialmente política, e por isso mesmo vital, da existência humana.

Ana Luiza Nobre
maio 2010

---

1 Carta de Affonso Eduardo Reidy a Le Corbusier, 7.jun.1948. in: Bonduki, N. *Affonso Eduardo Reidy*. São Paulo/Lisboa: Instituto Lina Bo e P. M. Bardi/Editorial Blau, 1999, p. 21. (tradução livre da autora)
2 A concepção de um museu em espiral, por Le Corbusier, tem início na década de 1920 (com o Mundaneum e o Museu Mundial) e segue em elaboração na década de 1930 (com o Museu de Arte Contemporânea de Paris e o Museu de crescimento ilimitado). Ver Boesinger, W. e Girsberger, H. *Le Corbusier 1910-65*. Barcelona: Gustavo Gili, 1971.
3 Carta de Le Corbusier a Affonso Eduardo Reidy, s/data. Acervo Carmen Portinho (tradução livre da autora)
4 Apud Nobre, Ana Luiza. *Carmen Portinho: o Moderno em Construção*. Rio de Janeiro: Relume Dumará, 1999. p.71.
5 O então chamado Aterro de Santa Luzia, segundo aterro junto à igreja de mesmo nome, que já havia sido afastada do mar com o desmonte do Morro do Castelo, na década de 1920. ver Abreu, Maurício de. *Evolução urbana do Rio de Janeiro*. Rio de Janeiro: Iplanrio/Zahar, 1987.
6 Reidy, Affonso Eduardo. *Memorial Descritivo do Museu de Arte Moderna do Rio de Janeiro*. apud Bonduki, Nabil. Op. Cit. p.164
7 Le Corbusier, *Precisões sobre um estado presente da arquitetura e do urbanismo*. São Paulo: Cosac Naify, 2004. p.229.
8 Refiro-me às reformas urbanas realizadas entre 1902 e 1906 pelo prefeito Francisco Pereira Passos, quando a cidade do Rio de Janeiro passou por profundas modificações morfológicas e territoriais, visando deixar para trás sua feição colonial. Ver Benchimol, Jaime Larry. *Pereira Passos: um Haussmann tropical. A renovação urbana na cidade do Rio de Janeiro no início do século XX*. Rio de Janeiro: Secretaria Municipal de Cultura, Turismo e Esportes, 1992.
9 Matta, Fuad Kanan. "As obras do Museu. Relatório do Engenheiro" in: *Boletim do MAM*, número 17, janeiro de 1959.

Depoimento   **Paulo Mendes da Rocha**

Para falar de Affonso Eduardo Reidy devo olhar bem a cidade do Rio de Janeiro, um espetáculo, um claro discurso sobre a transformação da natureza. Neste novo lugar construído se formou ainda a figura do carioca, aquele que canta "da janela vê-se o mar (...) que lindo!" Um personagem que sabe que sem a janela a natureza não vale nada. Essa consciência de caráter arquitetônico sobre onde estamos – ainda que vaga e difusa, mas carregada de um sentido lírico e poético, e com uma força que se vê também nas favelas – é, e foi, na minha formação, uma sedutora e peculiar marca, digamos, brasileira. Uma desconcertante e ativa força a um só tempo popular e erudita.

Discute-se se a existência ou não de uma arquitetura brasileira, o que, de qualquer modo, deveria haver como desafio para enfrentar o construir neste novo mundo – a América. Os tempos modernos surgem com Galileu e Colombo e, poderíamos dizer, também com Palladio. Um físico, navegante e arquiteto que disse: "A cidade da Antiguidade era feita com monumentos e agora surge a monumentalidade das cidades." Estava falando de Veneza, que, por desejo, diante do comércio e da navegação (riquezas nascentes), seria construída ali, no coração da Europa, ainda que numa laguna imprópria, território frágil, nos confins do Adriático, e sem nenhum encanto natural.

A natureza enquanto fenômeno – posição geográfica, mecânica dos fluidos, mecânica dos solos – e não a simples paisagem. Porque a extraordinária beleza da baía de Guanabara também é um transtorno! Este Rio de Janeiro com seus ganhados do mar, dragagens e enrocamentos, aterros e drenagens. Engenharias. Como habitar um lugar tão lindo, como tocar esta paisagem, esta monumental topografia, estes granitos gigantes? A primeira providência foi logo nomear aquilo tudo de modo doméstico, conciliador: Sofá da Gávea, morro Dois Irmãos, Pedra da Panela, morro do Corcovado... um Pão de Açúcar... A cidade providenciou uma avenida Central, uma avenida Rio Branco. O porto num extremo, o aeroporto no outro. Amparando a implantação do Senado (Monroe), o Museu de Belas Artes, a Biblioteca Nacional, o Theatro Municipal, o Ministério da Educação e Cultura, a Câmara, o Banco do Brasil, a Catedral (Candelária). Eixo perpendicular à doce curvatura das praias ao longo de onde estão as casas. Obras notáveis de reconfiguração de todo o território. Drenagens do canal do Mangue, abertura da avenida Getúlio Vargas, desmonte do morro do Castelo, com a urbanização do largo espaço da Esplanada do Castelo, com o agradável emprego das arcadas cobertas em sombra...

A construção do aeroporto sobre as águas do mar é um requinte com que ficou ainda configurada, com pequeno canal e ponte, a ilha de Villegagnon, com a Escola Naval. Um capricho extraordinário entre natureza e construção. A ampliação, já nos anos 1940, das areias de Copacabana foi um trabalho notável que ainda tive o prazer de assistir.

Dos anos 30 até os 60 do século XX, Affonso Eduardo Reidy se dedicou a inúmeros projetos e ensaios de urbanismo para essa extraordinária cidade. Já o "movimento moderno" na arquitetura deve seu desencadeamento mundial à Revolução de Outubro. A dimensão social da arquitetura, do planejamento urbano, a ideia de cidade para todos é o horizonte claro da questão. O conjunto do Pedregulho é um dos mais inteligentes exemplos de conjunto: casa, escola, convivência, com sentido de habitação popular, implantação, arquitetura, cidade e geografia. A Escola do Convênio Brasil-Paraguai, na beira do rio, na cidade de Assunção, uma das mais belas obras de arquitetura naquele país. No Aterro do Flamengo, a parceria de Reidy com Burle Marx é um novo e extraordinário cenário naquela cidade – que agora se pode dizer – já tão linda por natureza. O MAM tornou-se uma construção insubstituível na formação do arquiteto brasileiro, marcante na chamada arquitetura paulista por seu estimulante poder criativo, construtivista, e com influência em todas as gerações seguintes.

Impossível imaginar a chamada "nossa arquitetura" sem a vívida presença desse arquiteto carioca. Na minha formação, o MAM representa uma estrutura construída exemplar na sua implantação suspensa do chão, recompondo um largo recinto, em que situações de interior e exterior se articulam, realizando espaços de rara beleza e controle de escalas entre a paisagem monumental e os lindíssimos recintos internos inesperados – sempre ainda no chão da cidade – e, mais uma vez, os jardins de Burle Marx.

O contraponto com o anexo – figura recorrente na arquitetura de várias épocas – é muito elegante e oportuno e de uma incrível eficácia no arranjo dos espaços da cafeteria e do restaurante: é difícil descrever como consegue aquela forte movimentação cenográfica. A estrutura transparente é suspensa através dos pórticos em concreto armado e protendido, e resolvida nas duas empenas laterais de maneira fechada. Belo contraponto com os vazios transversais.

O museu – a arquitetura – começa muito longe, desde a passagem de pedestres sobre a avenida Beira-Mar, que realiza uma doce ondulação, de onde surge o museu para se ver do ponto mais alto toda a construção, e o Pão de Açúcar ao fundo. Depois, o trecho descendente leva o visitante para a sombra da construção suspensa, esconde a paisagem que, de novo, aparece do outro lado já nos jardins internos. Acompanhei queridos amigos, ilustres visitantes como Luigi Snozzi, por exemplo – que muito se comoveram, cobrando a maior e melhor publicação da obra.

Toda a obra – as casas – do Reidy é belíssima, forte, além de ser uma peculiar contribuição na arquitetura do século XX. Hoje, tem um valor renovado com sua dimensão ética diante de uma certa degenerescência para o lado da propaganda e da especulação sem nenhuma contribuição para a ideia da arquitetura como uma forma singular de conhecimento. Nós e o Planeta. Arquitetura e Natureza. Não tive o privilégio de conhecer Reidy pessoalmente. Sua falta, tão cedo, sentimos todos – medir, de fato, quanto perdemos, nunca poderemos imaginar.

Paulo Mendes da Rocha
maio 2010

Ensaio fotográfico **Vicente de Mello**

Arquitetura e Construção 129

Arquitetura e Construção **131**

132 Museu de Arte Moderna Rio de Janeiro

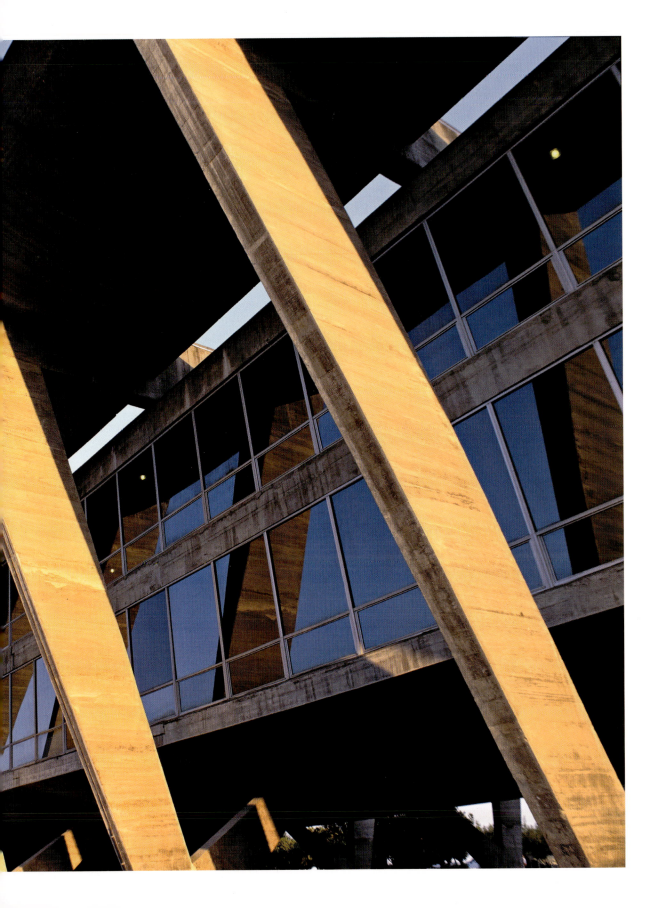

134 Museu de Arte Moderna Rio de Janeiro

Cronologia

1948

Em maio, é fundado o Museu de Arte Moderna do Rio de Janeiro. Sua primeira sede, ainda provisória, fica nas dependências do edifício do Banco Boa Vista, localizado na praça Pio X, no Centro da cidade. No mesmo ano, Affonso Eduardo Reidy, então diretor do Departamento de Urbanismo da Prefeitura do Distrito Federal, projeta o Plano para a Esplanada de Santo Antônio e o Aterro da Glória e do Flamengo, espaços onde seis anos depois seria construída a sede definitiva do MAM.

1952

O MAM é transferido para o mezanino do edifício do Ministério da Educação e Saúde, atual Palácio Gustavo Capanema, onde permanece até 1957. Após sugestão do então Prefeito do Distrito Federal João Carlos Vital, a diretoria do MAM convida o arquiteto Reidy para conceber o anteprojeto da sede definitiva do Museu.

1953

Um terreno de 40.000 metros quadrados no aterro da praia de Santa Luzia é doado pelo governo do Distrito Federal ao Museu. Começa a demarcação do terreno para a construção do Museu. Reidy desenvolve o projeto arquitetônico e redige o Memorial em que traça as linhas gerais de sua concepção e execução. Carmen Portinho, membro da diretoria do MAM, atua como engenheira responsável e Emílio Baumgart, como calculista da obra. Para realizar o projeto de paisagismo é convidado Roberto Burle Marx.

1954

Em 22 de setembro é assinada pela diretoria do MAM e pelo à época prefeito Alim Pedro a escritura com a doação definitiva do terreno. No dia 9 de dezembro, o à época presidente da República João Café Filho firma a estaca fundamental, formalizando o início da construção. O primeiro prédio a ser construído seria o Bloco-Escola.

1956

Iniciam-se as obras do Bloco de Exposições.

1958

Em 27 de janeiro, o Bloco-Escola é inaugurado com a presença do então presidente da República Juscelino Kubitschek. O prédio torna-se a sede do MAM, recebendo sua parte administrativa, os cursos e as exposições. A primeira exposição anunciada na nova sede trazia a coleção permanente do Museu, além da representação inglesa da IV Bienal de São Paulo, com trabalhos de Ben Nicholson e escultores britânicos.

1962
Burle Marx e Reidy mantêm-se no grupo responsável pela urbanização do Aterro do Flamengo, liderado por Lota Macedo Soares. Continuam as obras do Bloco de Exposições.

1964
Falecimento de Affonso Eduardo Reidy, aos 55 anos. Sem ver a conclusão de sua grande obra, o velório do arquiteto ocorre nas dependências do MAM.

1965
É inaugurado o Aterro do Flamengo, Parque Brigadeiro Eduardo Gomes.

1967
Após 11 anos, a construção do Bloco de Exposições é finalmente terminada. Uma grande retrospectiva com a obra de Lasar Segall inaugura o espaço.

1978
O Bloco de Exposições sofre um incêndio na madrugada do dia 8 de julho. O Museu perde parte de seu valioso acervo e sofre danos nesse prédio.

1979
O MAM reabre ao público, com o segundo Salão Nacional de Artes Plásticas, e inicia uma série de obras de recuperação.

1999
Após a realização de uma Cimeira (encontro de chefes de Estado), o MAM passa por uma grande reforma de recuperação dos seus prédios.

2005
Reiniciam-se as obras do teatro, concluídas em 2006, com sua inauguração no dia 10 de novembro.

2006
O MAM finalmente tem seu projeto completado com a inauguração do Teatro.

Affonso Eduardo Reidy (1909-64)

O carioca Affonso Eduardo Reidy nasceu em Paris, filho de mãe brasileira e pai britânico, no dia 26 de outubro de 1909. O avô materno era arquiteto; o pai, engenheiro. Estudante, trabalhou como estagiário e, logo em seguida, como assistente do urbanista francês Alfred Agache na elaboração do Plano Diretor da Cidade do Rio de Janeiro. Formado pela Escola Nacional de Belas Artes (ENBA), numa época em que urbanismo era uma disciplina facultativa e pouquíssimo frequentada, cedo demonstrou-se senhor de uma forte sensibilidade urbanístico-arquitetônica. Sua entrega à profissão fez dele um arquiteto completo. Viveu o período heroico da luta pela modernização da ENBA, sob a direção de Lucio Costa. Diplomado em 1930, foi professor de Composição de Arquitetura (1931-33), primeiro como assistente de Gregori Warchavchik e depois como titular da cadeira.

Em 1932, funcionário concursado, assumiu o cargo de arquiteto-chefe da Secretaria Geral de Viação, Trabalho e Obras da Prefeitura do Distrito Federal. No ano anterior, havia vencido, com Gerson Pompeu Pinheiro, o concurso para o Albergue da Boa Vontade.[1] A participação em concursos e o trabalho na prefeitura – onde permaneceu durante toda sua vida profissional – lhe proporcionaram suas grandes oportunidades de projetar e construir. Entre 1944 e 1945, ocupou a vice-presidência do Instituto dos Arquitetos do Brasil. A partir de 1946, passou a responder como arquiteto-chefe do Departamento de Habitação Popular, criado e dirigido por sua companheira, a engenheira Carmen Portinho. Nos anos que se seguiram dedicou-se à construção do Conjunto Residencial do Pedregulho e a uma série de outros projetos de cunho social, que lhe renderam reconhecimento internacional.

Em 1948, Reidy inicia a reelaboração do Plano Diretor da Cidade, coordenando, entre outros projetos, o Plano de Urbanização do Centro da Cidade, responsável pela urbanização da esplanada resultante do desmonte do morro de Santo Antônio e pelo Aterro da Glória e do Flamengo, onde viria a ser construído o Museu de Arte Moderna (MAM). Anos mais tarde, Reidy teve a oportunidade de integrar o grupo de trabalho do aterrado da Glória-Flamengo, presidido por Lota Macedo Soares, que viabilizaria parte do seu projeto de 1948. Infelizmente, Reidy faleceu em 1964, no dia 10 de agosto, sem chegar a ver sua obra concluída.

Não é mera coincidência que o MAM, fundado em 1948, antes de possuir sede própria, tenha encontrado abrigo em exemplos importantes da arquitetura moderna no Rio de Janeiro: o Banco Boa Vista – projeto de Niemeyer –, seu primeiro pouso, e o Ministério de Educação e Saúde (MES), efetivamente sua primeira sede, onde ocupou o mezanino, a partir de 1951 até a inauguração da atual sede, em 1958. Também não é se estranhar que a área doada pela prefeitura para a construção do museu, em 1954, fosse ainda... mar.

A utopia moderna, o construir para o "homem novo", acreditando que a estrutura construída agiria sobre seus usuários, havia logrado colocar-se em prática no Brasil, e a construção de um museu de arte moderna decorria desse programa, bem como a busca de soluções para trânsito e lazer na cidade, materializadas no projeto do Parque do Flamengo.

Pensado para dialogar com a paisagem – a horizontalidade da composição para fazer frente ao perfil dos morros cariocas, as fachadas envidraçadas, trazendo para o interior o paisagismo de Burle Marx –, o projeto de Reidy apresenta-se racionalista e plástico a um só tempo. Não há distância entre a estrutura e a aparência final. Os vãos livres têm um fim prático: a liberdade de composição oferecida ao espaço expositivo, o convite ao jardim no plano térreo. Do cuidado com o concreto aparente à escolha dos granitos e pedras portuguesas, o projeto ganha o parque.

Convidado por Lucio Costa, Reidy participou da equipe orientada por Le Corbusier – formada ainda por Jorge Moreira, Ernani Vasconcellos, Carlos Leão e Oscar Niemeyer –, que projetou e construiu o edifício do Ministério da Educação e Saúde no Rio de Janeiro (1937-43), um marco da arquitetura moderna no Brasil. Nessa época, Reidy tornou-se amigo e admirador de Le Corbusier, de quem seria, dentre os arquitetos da nova geração, o discípulo mais fiel.

Graças à repercussão do Pedregulho, obra que ganhou enorme interesse nacional e internacional, começando pelo primeiro prêmio de arquitetura na 1ª Bienal Internacional de São Paulo, e à repercussão do Museu de Arte Moderna do Rio de Janeiro, Reidy foi aclamado como uma das figuras mais importantes da arquitetura nacional.

Convidado pelo Itamaraty, projetou, na década de 1950, a Escola Experimental Brasil-Paraguai, construída pelo Brasil em Assunção. Nos anos 1960, participou dos concursos fechados para a sede da Organização Mundial de Saúde, em Genebra, e para o Museu Nacional do Kuwait, no qual foi vencedor, embora seu projeto não tenha sido realizado.

Sua presença discreta e o fato de ter tido uma vida breve – ao menos se comparada a de seus longevos pares, Lucio Costa (1902-98) e Niemeyer (1907-) – talvez expliquem o paradoxo Reidy: o responsável pela nossa mais representativa obra de habitação popular e pelo maior parque da cidade é frequentemente o nome menos lembrado entre nossos arquitetos de primeiro time.

Rosana de Freitas
Curadora do Centro de Pesquisa e Documentação
Museu de Arte Moderna do Rio de Janeiro

1 Projeto da prefeitura do Rio de Janeiro, do departamento da habitação popular.

Índice de imagens

Pág. 6	Croqui com corte transversal da estrutura do Bloco de Exposições
Pág. 12	Foto da maquete vista de cima
Pág. 15	Fotomontagem com maquete e baía de Guanabara ao fundo
Pág. 18	Fotomontagem com maquete e Pão de Açúcar ao fundo
Pág. 21	Fotomontagem com maquete e parte central da cidade ao fundo
Pág. 23	Desenho do corte transversal do Bloco de Exposições com perspectiva do observador
Pág. 25	Affonso Eduardo Reidy mostra a maquete para Ludwig Grote, delegado da Alemanha na IV Bienal de São Paulo, 1957
Pág. 27	Foto da maquete
Pág. 29	Estrutura do Bloco de Exposições, baía de Guanabara ao fundo, 1958
Pág. 30	Trator preparando o terreno para construção, 1954
Pág. 31	Fotomontagem com vista aérea da baía de Guanabara sem o Aterro do Flamengo e fotomontagem com vista aérea da baía de Guanabara com o Aterro do Flamengo, 1954
Pág. 32	Desmonte do morro de Santo Antônio, 1954
Pág. 33	Caminhões transportando terra do morro de Santo Antônio para o terreno de construção e desmonte do morro de Santo Antônio, 1954
Pág. 34	Vista geral do terreno demarcado para construção e descarga de terra, 1955
Pág. 35	Operário em trator preparando o terreno para a construção, 1955
Pág. 36	Parte de trás do escritório de obras com área central da cidade ao fundo, 1955
Pág. 37	Vista geral do terreno para construção, baía de Guanabara ao fundo, 1954, e Affonso Eduardo Reidy, Carmen Portinho e grupo no dia em que foi cravada a última estaca para a construção, 1955
Pág. 38	Barracão de obras das Estacas Franki, 1954, e operários da construção, 1955
Pág. 39	Barracão de obras, 1957
Pág. 40	Vista das máquinas de bate-estaca a vapor, área central da cidade ao fundo, 1955
Pág. 41	Vista das máquinas de bate-estaca a vapor, baía de Guanabara ao fundo, 1955
Págs. 42, 43	Operários trabalhando na concretagem das fundações, 1955
Pág. 44	Transporte de vigas para teste de peso das estacas, 1955
Pág. 45	Placa com bate-estacas ao fundo e operários aplicando concreto, 1955
Pág. 46	Operários na preparação do concreto, 1955
Pág. 47	Operários na fase da concretagem e manuseando misturador nessa mesma fase, 1955
Pág. 48	Operários carregando armações, 1955
Pág. 49	Armações para as colunas do Bloco-Escola, 1955
Pág. 50	Operários trabalhando nas fundações da construção, 1955
Pág. 51	Affonso Eduardo Reidy participa da concretagem do Bloco de Exposições ao lado de operários e operário trabalhando nas armações, 1955
Págs. 52, 53	Vista geral da obra, baía de Guanabara ao fundo, 1955
Pág. 54	Armações para concretagem do subsolo, 1955
Pág. 55	Colocação de tijolos e argamassa da laje do Bloco-Escola, 1955

Pág. 56	Operários preparando a laje da cobertura do Bloco-Escola
Pág. 57	Preparação da laje do Bloco-Escola, 1956
Págs. 58/61	Vista geral da construção, fase do escoramento e concretagem, 1956
Págs. 62, 63	Fachada do Bloco-Escola após a concretagem, 1956
Págs. 64, 65	Estrutura da área interna do Bloco-Escola
Págs. 66, 67	Testes de impermeabilização da laje do Bloco-Escola, 1957
Pág. 68	Cobertura do Bloco-Escola com seu pergolado de concreto, 1958
Pág. 70	Visitantes na rampa de acesso ao terraço do Bloco-Escola, estruturas internas e pergolado, 1956
Pág. 71	Chafariz no jardim interno, 1958, e visitas à frente da entrada do Bloco-Escola, chafariz e passagem incompleta para o Bloco de Exposições
Pág. 72	Vista geral da fachada sul do Bloco-Escola, 1958
Pág. 73	Pátio interno do Bloco-Escola, com sua rampa ainda sem os cobogós, 1958
Pág. 74	Corredor interno e *hall* do Bloco-Escola concluído, 1958
Pág. 75	Terraço do Bloco-Escola concluído, pergolado, cobogós na rampa e jardins de Roberto Burle Marx
Pág. 76	Operário à frente da armação das vigas superiores
Pág. 77	Vista geral da obra
Pág. 78	Armação da estrutura dos pórticos com Bloco-Escola ao fundo
Págs. 79, 80	Construção da estrutura de pórticos e abas, 1959
Pág. 81	Construção da estrutura de pórticos e abas e detalhe das armações dos pórticos, 1958
Pág. 82	Estruturação dos dois pavimentos internos do Bloco de Exposições
Pág. 84	Construção da estrutura de pórticos e abas e detalhe das armações dos pórticos, 1958
Pág. 85	Construção da estrutura de pórticos e abas, 1959
Pág. 86	Fachada oeste do Bloco de Exposições, 1961
Pág. 87	Detalhe da marquise presente em uma das entradas do Bloco de Exposições e vista parcial do segundo e terceiro pavimentos iluminados naturalmente pelos lanternins
Pág. 88	Fachada leste (com businotes), 1960
Pág. 90	Vista parcial do segundo e terceiro pavimentos do Bloco de Exposições, 1960
Pág. 91	Vista parcial do Salão Monumental, segundo pavimento, com iluminação natural
Pág. 92	Escada que liga o segundo ao terceiro pavimento e vista parcial do salão de exposições a partir do terceiro pavimento, 1959
Pág. 93	Vista parcial do terceiro pavimento a partir do terceiro com baía de Guanabara ao fundo
Pág. 94	Escada helicoidal vista do segundo pavimento e detalhe da estrutura, 1960
Pág. 95	Escada helicoidal ligando o *foyer* e o segundo pavimento
Pág. 96	Bloco de exposições, fachadas norte e oeste (com businotes), 1961
Pág. 98	Fachada leste do Bloco de Exposições e conjunto da obra: fachada sul do Bloco de Exposições e Bloco-Escola ao fundo, 1961
Pág. 99	Fachada leste do Bloco de Exposições, ainda com marquise, 1961
Pág. 100	Foto panorâmica das construções do museu integradas ao Parque do Flamengo
Pág. 102	Teatro e fachada norte do Bloco de Exposições, detalhe e fachada do Teatro

Pág. 104	Fachada principal do Teatro, Bloco de Exposições e chafariz
Pág. 106	Jardins e fachada sul do Bloco de Exposições, Bloco-Escola ao fundo
Pág. 107	Auditório da Cinemateca
Pág. 108	Fachada sul do Bloco de Exposições vista do terraço do Bloco-Escola, 1986
Pág. 111	Operários preparando a laje da cobertura do Bloco-Escola
Pág. 117	Estrutura do Bloco de Exposições em obras
Pág. 119	Pilotis e entrada do salão de exposições ao fundo, 1986
Pág. 123	Estrutura do Bloco de Exposições, parte interna com baía de Guanabara ao fundo
Pág. 125	Fachada do Bloco de Exposições
Pág. 126	Vista do Pão de Açúcar, Outeiro da Glória e Monumento aos Pracinhas a partir do terceiro pavimento do salão de exposições, 2010
Pág. 128	Vista do *foyer* com escada helicoidal, 2010
Pág. 130	Fachada sul do Bloco de Exposições
Pág. 131	Vista dos pilotis a partir do *foyer*, entrada administrativa ao fundo e vista dos jardins a partir do *foyer*, 2010
Pág. 132	Fachada do Bloco de Exposições
Págs. 134, 135	Salão de exposições, terceiro pavimento, 2010
Pág. 136	Fachada sul do Bloco de Exposições com jardins
Pág. 139	Construção da estrutura de pórticos e aba, 1959 (detalhe)
Pág. 145	Rampa do Bloco-Escola com fachada de cobogó e pergolado ao fundo

Editores
Isabel Diegues
Ricardo Sardenberg

Organização
Frederico Coelho

Assistente Editorial
Vanessa Gouveia

Projeto gráfico e diagramação
Carla Marins
Mariana Mansur
Mariana Boghossian

Revisão
Luiz Coelho
Eduardo Carneiro

Equipe Cobogó
Melina Bial
Ronaldo Pinheiro
Lívia Lima

Tratamento de imagem
Trio Studio

Impressão e acabamento
Gráfica Santa Marta

Foto da capa
Aertsens Michel (detalhe) Acervo MAM

Fotografias
Pág. 31 Carlos Botelho (acima) e Jerry (abaixo)
Pág. 68, 72, 73, 80, 82, 85/88, 90, 94/96, 98 Aertsens Michel
Pág. 75 Marcel Gautherot
Pág. 76 agência Fotográfica Vasclo
Pág. 108, 119 Geraldo Viola
Pág. 100/106 César Barreto
Pág. 107, 125/137 Vicente de Mello

Estas e todas as outras imagens do livro estão no acervo do Centro de Pesquisa e Documentação do MAM.

Todos os esforços foram feitos no sentido de identificar a autoria das imagens deste livro. Alguns fotógrafos, entretanto, não foram localizados, assim como algumas pessoas fotografadas. Estamos prontos a dar crédito a todos aqueles que se manifestarem.

Todos os direitos desta publicação reservados à
Editora de Livros Cobogó Ltda.
Rua Jardim Botânico, 635/406,
Rio de Janeiro – RJ – 22470-050
www.cobogo.com.br

2010 © Copyright dos autores
2010 © Copyright Editora de livros Cobogó

CIP-BRASIL. CATALOGAÇÃO-NA-FONTE
SINDICATO NACIONAL DOS EDITORES DE LIVROS, RJ

M974
Museu de Arte Moderna : arquitetura e construção / organização Frederico Coelho. - Rio de Janeiro: Cobogó, 2010.
il.

Inclui bibliografia
ISBN 978-85-60965-14-4

1. Reidy, Affonso Eduardo, 1909-1964. 2. Museu de Arte Moderna do Rio de Janeiro. 3. Arquitetura de museus de arte - Rio de Janeiro (RJ). 4. Museus de arte - Projetos e construção. 5. Arquitetura moderna - Séc. XX - Brasil. 6. Arquitetura - Rio de Janeiro (RJ) - História - Séc. XX. I. Coelho, Frederico.

10-5918.   CDD: 727.7098153
           CDU: 727:069(815.3)

Museu de Arte Moderna
Rio de Janeiro

Av. Infante Dom Henrique 85
Parque do Flamengo
20021-140 Rio de Janeiro RJ Brasil
www.mamrio.org.br

Mantenedores
Petrobras
Light

Parceiros
Bolsa de Arte do Rio de Janeiro
Credit Suisse Hedging-Griffo
Gávea Investimentos
Investidor Profissional
Mica Mídia Cards
Outback Steakhouse
Revista Piauí
Salta Elevadores

Lei de Incentivo à Cultura | Ministério da Cultura

Projetos Especiais
Reynaldo Roels Jr: crítica reunida - Conexão Artes Visuais MinC / Funarte / Petrobras 2010
Cinemateca Aquisição de Acervo e Digitalização de Acervo Documental - ONS Operador Nacional do Sistema Elétrico
TAM - Transportadora oficial do MAM

Presidente
Carlos Alberto Gouvêa Chateaubriand

Vice-presidente
João Maurício de Araujo Pinho Filho

Diretor
Luiz Schymura

Conselheiros
Armando Strozenberg
Carlos Alberto Gouvêa Chateaubriand
Demósthenes M. de Pinho Filho
Eduardo Vianna
Elisabete Carneiro Floris
Gilberto Chateaubriand Presidente
Heitor Reis
Helio Portocarrero
Henrique Luz
Irapoan Cavalcanti de Lyra
João Maurício de Araujo Pinho Vice-presidente
João Maurício de Araujo Pinho Filho
Joaquim Paiva
José Luiz Alquéres
Kátia Mindlin Leite Barbosa
Luis Antonio de Almeida Braga
Luiz Carlos Barreto
Luiz Schymura
Nelson Eizirik
Paulo Albert Weyland Vieira

Artes Plásticas
Luiz Camillo Osório Curador
Frederico Coelho Assistente

Museologia
Cláudia Calaça Coordenadora
Veronica Cavalcante
Cátia Louredo
Fátima Noronha

Produção
Hugo Bianco
Renata Contins

Assessoria de Imprensa
CW&A Comunicação

Design
Carla Marins Coordenadora
Rafael Rodrigues
Mariana Boghossian Estagiários

Montagem
Cosme de Souza
José Marcelo Peçanha

Salão de Exposições
Alessandro Hage
Marcio Andre Oliveira
Evelin Cristina Damascena Lima
Rodrigo de Lima Rosa

Pesquisa e Documentação
Rosana de Freitas Curadora
Adriano Braz
Claudio Barbosa
Mauricio Sales de Brito
Elizabeth Varela
Verônica Sá Ferreira

Cinemateca
Gilberto Santeiro Curador
Hernani Heffner Assistente
Carlos Eduardo Pereira
João Roberto Costa
José Quental
Sidney de Mattos

Operações e Eventos
Cláudio Roberto

Manutenção
Behar Engenharia

Administração e Finanças
Henrique Andrade Oliveira Coordenador
Cláudio Pereira
Eduardo Gomes Chaves
Sandra Borges dos Santos
Leandro Oliveira de Souza
Edson Gomes dos Santos Jr.

Recepção
Tânia Nascimento
Fabiana Lima
Janaina Amorim dos Santos

Limpeza
Adriana da Silva Pereira
José Geraldo Avelino
Juarez Lacerda Leal
Luiz Carlos dos Santos
Neuza Costa Pinheiro
Tereza Cristina Vasconcelos
Glayton Amaral Lisboa
Carlos Magno Silva Leocádio

Segurança Security
Transegur Vigilância e Segurança

Este livro foi composto em Avenir e Minion.
Impresso pela Gráfica Santa Marta
sobre papel couche fosco 150 g/m2
para a Editora Cobogó.